DIRETOR EDITORIAL:	Raul Maia Jr.
EDITORA EXECUTIVA:	Otacília de Freitas
EDITOR DE LITERATURA:	Vitor Maia
EDITORAS ASSISTENTES:	Camile Mendrot Pétula Lemos
PREPARAÇÃO DE TEXTO:	Carmen Costa
REVISÃO DE PROVAS:	Adriana Oliveira Fernanda Umile Flávia Brandão
CAPA E PROJETO GRÁFICO:	André Neves
DIAGRAMAÇÃO E ARTE-FINAL:	Thiago Nieri
IMAGENS EM ALTA:	Fundação Iberê Camargo
FOTOS:	Luiz Ventura
ASSESSORIA DE IMPRENSA:	Paula Thomaz
SUPERVISÃO GRÁFICA:	Roze Pedroso
GERENTE DE VENDAS E DIVULGAÇÃO:	Lina Arantes Freitas

Dados Internacionais de Catalogação na Publicação (CIP)
(Câmara Brasileira do Livro, SP, Brasil)

Neves, André
   Iberê menino / André Neves e Christina Dias. -- São Paulo :
DCL, 2007.

   ISBN 978-85-368-0269-5

   1. Camargo, Iberê, 1914-1994 2. Pintores - Literatura infantojuvenil
I. Dias, Christina. II. Título.

07-1574		CDD – 028.5

Índice para catálogo sistemático:

   1. Pintores : Literatura infantojuvenil   028.5

1ª edição • abril • 2007

Editora DCL
Av. Marquês de São Vicente, 446, Cj. 1808 – Barra Funda
CEP 01139-000 – São Paulo/SP
Tel.: (0xx11) 3932-5222
www.editoradcl.com.br

"Para mim arte e vida confundem-se."

Iberê Camargo

IBERÊ
menino

André Neves
Christina Dias

"*O pintor é o mágico que imobiliza o tempo.*"

Iberê Camargo

A paisagem do campo tinha vista espalhada. Quase sempre o dia forrava uma luz calma sobre a grama, enquanto o rio rasgava a terra pra passar. Assim era Restinga Seca e o Rio Jaguari. Guri que mergulhasse naquelas águas guardava nos olhos afeição ao lugar, e o único medo que boiava na superfície ondulante era que um dia o sol aquecesse demais e Restinga Seca secasse o rio de verdade.

"As coisas estão enterradas no fundo do rio da vida. Na maturidade elas se desprendem e sobem como bolhas de ar."

Iberê Camargo

Molhando a imaginação naquele rio caudaloso e doce, Iberê menino refrescava a alma guardando reflexos de tempo. Como um quebra-cabeça em que cada quadro é uma peça do passado e as figuras, pistas para descobrir memórias. Juntando as peças, ele enxergava a vida por inteiro.

Na primavera, os dias eram completamente azuis como as hortênsias recortando a serra. Pareciam presas no céu, fazendo a realidade revelar coisas que só a imaginação tocava. Os ipês floridos eram fascinantes. Vestidos de cores reluzentes ao sol, transmitiam ao mesmo tempo uma sensação de alegria e de tranqüilidade.

No inverno, a queda de água mais forte fazia barulhos no ar. Quando chovia, o rio despertava avolumando o corpo, corria a passos largos serpenteando entre pedras e grotões. As rochas maiores pareciam baluartes cinzentos, salpicados de sempre-vivas. Mas a correnteza vencia tudo. Quando estiava, as moitas de bambus vergavam no rio longas cabeleiras e as árvores faziam sombras suaves sobre as folhagens molhadas.

Os animais pastavam felizes saboreando o gosto perfumado da grama úmida e macia.

O verão era quente e bom. Deixava de presente todos os seus tons nas folhas de outono. Havia nelas uma saudade passageira, tudo era morto com certeza de ressurreição. Mas se o vento batesse forte, elas morriam de vez, morriam de verdade dançando até o chão. Nunca mais voltavam a verdejar.

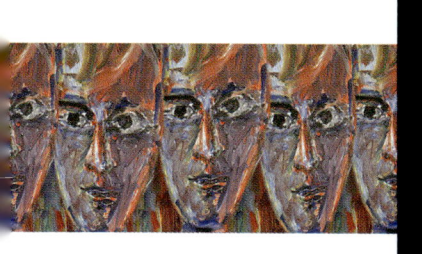

O mundo era um refúgio de cores e leves eram os traços da vida. O resto ficava por conta do pequeno Iberê menino, fazendo novas descobertas na natureza que lhe ensinavam a olhar a vida procurando detalhes. Coisas que olhos comuns precisam treinar pra ver.

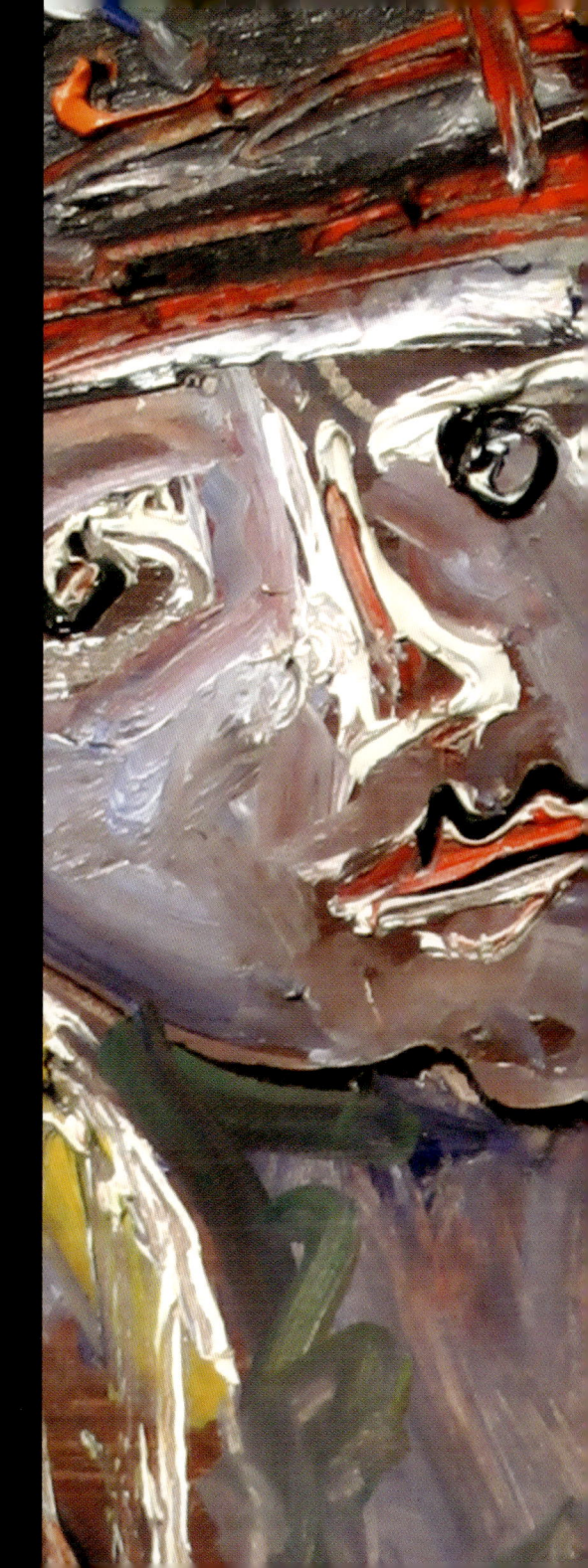

Em casa, Iberê menino
traçava a memória da infância.
A mãe, concentrada no coser
das roupas, mal escutava o
lápis de ponta grossa riscar
a vida por baixo da mesa.
E se ela abençoava essa leve
brincadeira, bendito era o
pátio que acomodava todos
os esboços de traquinagens:
apedrejar formigas, pescar
sapos no rio, correr atrás das
galinhas e travar combates com
os primos fingindo ser pica-paus
e maragatos, ou, ainda, montar
arapucas para pegar sabiás que
sabiam assobiar sinfonias de
finais de tarde.

Através das frestas no telhado desciam finos pontos de luz sobre a mesa, clareando sombras pretas e marrons que envolviam todos os espaços. Os carretéis sem linhas ficavam ali, amontoados de solidão. Quando perdiam sua razão de ser para a realidade da mãe, eles desenrolavam longos fios no ar do olhar menino de Iberê.

Carretel não é coisa parada, gira como a Terra. Tatalando os carretéis nas mãos, ele sacudia a tristeza dos dias vazios, cheios de sopros brandos e mornos exalados pela quietude das horas.

No princípio, os carretéis não significavam nada. Até que um suspiro sussurrou mais forte e arrepiou a espinha. Quando a agilidade voltou às mãos, as imponentes perspectivas impostas pelo tempo desapareceram e os carretéis desenrolaram fios encantados de novas brincadeiras infantis. Invadiram a vaga e tristonha gravidade e levaram o Iberê menino para dentro dos seus próprios sonhos.

"À medida que envelhecemos,
parece que a infância fica
mais perto.
Sentimos vontade de reencontrar
os amigos e tudo que foi nosso."

Iberê Camargo

Da janela, Iberê menino procurava pequenos pontos de fumaças jogadas no peito do céu ou qualquer outro sinal de que o trem se aproximava da estação ferroviária, conduzindo sobre os trilhos tanta saudade.

Na estação não havia silêncios. Lá era um passaporte de destinos e partidas do pensamento. Cada som, um convite para novas viagens. A fumaça saindo da locomotiva e os assobios dos apitos nas plataformas avisando aos passageiros que a hora se aproximava. Bastava passar nos guichês para adquirir os bilhetes que os levariam aonde quisessem ir.

Mas para Iberê menino a alegria consistia em ver o pai desembarcar do trabalho. Embora chegasse sempre carregando uma bagagem de tristezas, pois em breve o maquinista puxaria novamente aquela cordinha para baixo, acionando um longo apito de despedida.

Naquele momento, o som do trem era surdo e doía na escuridão da alma. As viagens eram constantes e os trilhos ficavam cobertos de melancolia com tantas idas e vindas, principalmente se também levassem Bua, que acalantava todos os seus sonhos de cor.

O tempo com Bua era manso. Com mimos,
canções e lindas histórias. Bua levava a noite dentro
dos olhos, nos cabelos, no sorriso. A noite se espalhava
no seu corpo por inteiro. Sentada, a balançar, ela
alongava os braços e abraçava o Iberê menino. A noite
chegava embalada de acalantos nos seus olhos
pequeninos, miúdos de tanto sono.

Antes mesmo de a lua sorrir gloriosa e o céu
quebrar um colar de diamantes na escuridão, Iberê
menino adormecia com os olhos cheios de luz. Bua era
assim, lustrava o brilho que só as coisas escuras têm.

"Não pinto o que vejo, mas o que sinto.
A matéria também sonha.
Procuro a alma das coisas."

Iberê Camargo

"Acho que toda grande obra tem raízes no sofrimento. A minha nasce da dor. Das minhas raras alegrias, uma me vem à mente:

criança, aguardo ansioso a chegada do trem que traz a Bua."

Iberê Camargo

PX 31-1-87

UDO PARA
TASMAGORIA IV

Na ausência de Bua, a noite e todos os seus fantasmas enfeitiçavam. Tinham longas conversas com Iberê menino. Conversas cheias de silêncios. E ele escutava todo o brancor expectante dos assombramentos.

Pra muita gente que não conversa com a noite, parecia que Iberê menino havia ficado biruta de vez. Mas olhando bem, se entende. O guri gostava mesmo do escuro, brincava de descobrir coisa que ninguém vê. Dava forma a qualquer espaço de olhos fechados, e o escuro passava a ter um jeito só dele. Não dava medo.

A solidão passou a fazer parte da sua imaginação. Porque na solidão ele podia ter a escuridão que quisesse e todas as cores também.

O céu ao sol tinha um aspecto brumoso. Podia ter uma, duas ou mesmo três pessoas. O mundo rodava ao seu redor e ninguém o via. Ele era livre no seu andar invisível.

28

"Minhas bagagens são meus sonhos."

Iberê Camargo

Há tantas coisas no mundo que são invisíveis. As sombras, por exemplo. Nada mais são que penumbra. Desfazem-se no ar e de repente a vida fica límpida, relumbra. O movimento não se prende ou se guarda. É movimento de andar. Disso são feito esses movimentos que ficam grudados no olho ferindo a própria natureza. Captar esses momentos é abrir a fronteira entre o ser e o não ser. Andar é descobrir.

Iberê é menino. Menino, sim.
Pode ser guri, garoto, moleque e
até curumim. Pode ser o que quiser.
Sabe por quê? Porque ele limpou
a penumbra dos olhos com tinta
e alongou o olhar. Para ver mais
longe. Para ir além.

É tão fácil. É como andar de
bicicleta, depois que se aprende não
se esquece nunca. Daí é só correr
veloz e deixar a sombra pra trás.

Iberê menino correu e partiu.

"*Com meus ciclistas, cruzo desertos e procuro horizontes que recuam e se apagam nas brumas da incerteza.*"

Iberê Camargo

35

A casa pequena, num
recanto quase despovoado da
campanha, passou enchendo-se
de saudade. Restinga Seca ainda
passou por manhãs friorentas e
muitas noites estreladas. A vista
continuou esplendorosa, com
um corte sinuoso por onde o rio
passou cantando despedidas.

E o tempo? Também
passou. Ele sempre passa.

Iberê menino cresceu. Montou um quebra-cabeça de memória inventada. Juntou peça por peça com um olhar verdadeiro. Nem mais nem menos. Para quem não tem olho treinado ele deixou pistas. Elas não terminam nunca, nem podem. Correm como um rio que não secará nunca.

O olho de Iberê continua.

O jogo é esse, descobrir o jeito de olhar.

E cada um tem o seu.

Olhos de menino

Quando somos crianças é sempre difícil imaginar que aqueles adultos com os quem convivemos foram também meninos... Mais complicado ainda é imaginar que Iberê Camargo, artista famoso, presente em tantos livros, foi um dia menino... Menino igual a outros! Menino igual a nós! Será que, ele corria pelo pátio de sua casa em Restinga Seca? Tinha amigos, cachorro ou um gato? Será que quando menino, já gostava de desenhar?

Quem conheceu o Iberê homem, artista, caminhando na Rua da Praia, em Porto Alegre, e olhou nos seus olhos, encontrou ainda o Iberê menino, falante e irreverente. Quem viu Iberê trabalhando em seu ateliê, entendeu que o menino estava sempre

Nós só podemos ver as coisas com clareza e nitidez porque temos um passado. E o passado se coloca para ajudar a ver e compreender o momento que estamos vivendo."

Iberê Camargo

presente. Ele se mostrava no olhar, na agilidade com que manejava tintas, pincéis, lápis, espátulas, buris ou raspadores... Na linha ligeira do desenho ou nas massas de tinta construídas, destruídas e construídas novamente! Imagens trabalhadas com mãos irrequietas, procurando "chegar à alma das coisas", segundo suas próprias palavras.

Iberê trouxe de sua infância os carretéis de linha com os quais brincava, as bicicletas e as cores da noite, realizando pinturas, desenhos e gravuras ao longo de toda sua vida, sempre acompanhado do gato Martin, que passeava em seu ateliê... Não seria esta uma forma de continuar brincando? De ser ainda menino artista?

Folheando este livro, você vai conhecer algumas das obras do Mestre Iberê. Tente imaginar o menino e o homem... E monte seu próprio mosaico de cores, formas e lembranças!

Miriam Tolpolar
Artista plástica, Mestre em Poéticas Visuais
(Instituto de Artes/UFRGS) e
amiga pessoal de Iberê Camargo

IBERÊ menino

Sem título, 1994. Guache e lápis stabilotone sobre papel. 77 x 56 cm. Coleção Maria Coussirat Camargo, Porto Alegre (p. 2).

Sem título, 1943. Óleo sobre tela. 69,5 x 59,5 cm. Coleção Maria Coussirat Camargo/Fundação Iberê Camargo, Porto Alegre (p. 5).

Sem título, 1988. Óleo sobre madeira. 42 x 30 cm. Fundação Iberê Camargo/Coleção Maria Coussirat Camargo, Porto Alegre (p. 12, 13).

Jaguari, 1941. Óleo sobre tela. 40 x 30 cm. Coleção Maria Coussirat Camargo/Fundação Iberê Camargo, Porto Alegre (p. 9).

Riacho Jaguari, 1941. Óleo sobre tela. 70 x 60 cm. Coleção particular (p. 11).

Foto: luizventura2007

Sem título, 1986. Nanquim sobre papel. 33,4 x 22,6 cm. Coleção Maria Coussirat Camargo/Fundação Iberê Camargo, Porto Alegre (p. 5).

42

Guria, 1986. Óleo sobre tela. 150 x 93 cm Coleção Maria Coussirat Camargo/Fundação Iberê Camargo, Porto Alegre (p. 13).

Estudo para fantasmagoria IV, 1987. Esferográfica e lápis de cor sobre papel. 32 x 22 cm. Coleção Maria Coussirat Camargo/Fundação Iberê Camargo, Porto Alegre (p. 26).

Auto-retrato, 1984. Óleo sobre tela. 25 x 35 cm. Coleção Maria Coussirat Camargo/Fundação Iberê Camargo, Porto Alegre (p. 38).

Carretéis em movimento, 1959. Gravura em metal: água-tinta, verniz mole e relevo. 49,5 x 27,9 cm – mancha. 65,3 x 42,2 cm – papel. Coleção Maria Coussirat Camargo/Fundação Iberê Camargo, Porto Alegre (p. 20).

Série ciclistas, 1990. Caneta esferográfica, nanquim e lápis stabilotone sobre papel. 34 x 23 cm. Coleção Maria Coussirat Camargo/ Fundação Iberê Camargo, Porto Alegre (p. 34).

Foto: luizventura2007

Sem título, 1989. Caneta esferográfica sobre papel. 26,8 x 31,7 cm. Coleção Maria Coussirat Camargo/Fundação Iberê Camargo, Porto Alegre (p. 34).

IBERÊ menino

Ciclista, 1991. 29,6 x 19,6 cm/39, x 35 cm. Água-forte e água-tinta (processo do guache). Coleção Maria Coussirat Camargo/Fundação Iberê Camargo, Porto Alegre (p. 34).

Solidão, 1994. Óleo sobre tela. 200 x 400 cm. Coleção Maria Coussirat Camargo/Fundação Iberê Camargo, Porto Alegre (p. 28, 29).

Série ciclistas, 1990. 32,5 x 23,5 cm. Coleção Maria Coussirat Camargo/Fundação Iberê Camargo, Porto Alegre (p. 34).

Sem título, 1990. Caneta esferográfica e lápis stabilotone sobre papel. 34 x 23 cm. Coleção Maria Coussirat Camargo/Fundação Iberê Camargo, Porto Alegre (p. 34).

Série ciclistas, 1990. Caneta esferográfica sobre papel. 32,4 x 23,4 cm. Coleção Maria Coussirat Camargo/Fundação Iberê Camargo, Porto Alegre (p. 34).

Brinquedo, 1969. Óleo sobre tela. 55 x 78 cm. Coleção particular (p. 1).

Sem título, 1972. Óleo sobre tela. 45 x 50 cm. Coleção particular (p. 4, 39).

Paisagem, 1941. Óleo sobre tela. 24 x 35 cm. Coleção Maria Coussirat Camargo/Fundação. Iberê Camargo, Porto Alegre (p. 7).

Carretéis, 1958. Óleo sobre tela. 65 x 92 cm. Coleção particular (p. 16).

Sem título, 1943. Óleo sobre tela. 46 x 50 cm. Coleção Maria Coussirat Camargo/Fundação Iberê Camargo, Porto Alegre (p. 9).

Tudo te é falso e inútil V, 1993. Óleo sobre tela. 200 x 250 cm. Coleção particular (p. 30, 31).

IBERÊ menino

Sem título, 1941. Lápis conté sobre papel. 25 x 32 cm. Coleção Maria Coussirat Camargo/ Fundação Iberê Camargo, Porto Alegre (p. 10).

Fantasmagoria IV, 1987. Óleo sobre tela. 200 x 236 cm. Coleção Maria Coussirat Camargo/Fundação Iberê Camargo, Porto Alegre (p. 27).

Foto: luizventura2007

Sem título, 1970. Pastel oleoso e grafite sobre papel. 13 x 17,5 cm. Coleção Maria Coussirat Camargo/Fundação Iberê Camargo, Porto Alegre (p. 14).

Série ciclistas, 1990. Óleo sobre tela. 159 x 185 cm. Coleção Maria Coussirat Camargo/Fundação Iberê Camargo, Porto Alegre (p. 35).

Hora V, 1983. Óleo sobre tela. 95,5 x 214 cm. Coleção João Sattamini/comodante Museu de Arte Moderna da Prefeitura de Niterói/RJ (p. 24, 25).

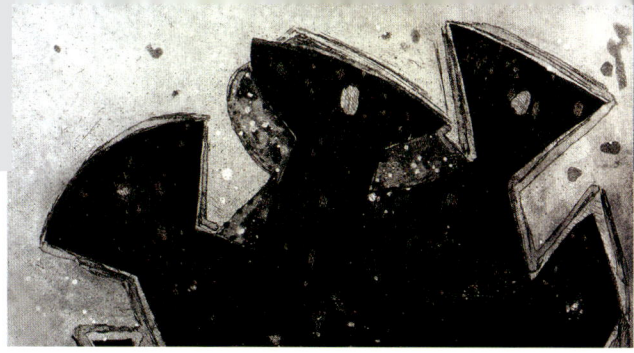

Gravura 4, 1968. Gravura em metal: água-forte e água-tinta. 29,5 x 49,6 cm – mancha. 50 x 65,3 cm – papel. Coleção Maria Coussirat Camargo/Fundação Iberê Camargo, Porto Alegre (p. 20, 21).

No vento e na terra I, 1991. Óleo sobre tela. 200 x 283 cm. Coleção Aplub, Porto Alegre (p. 36, 37).

Carretéis com três laranjas, 1958. Óleo sobre tela. 62 x 100 cm. Coleção particular (p. 18, 19).

Figura, 1964. Óleo sobre tela. 130 x 184 cm. Coleção particular (p. 23).

Ciclistas no parque da redenção, 1989. Óleo sobre tela. 95 x 212 cm. Coleção particular (p. 32, 33).

Arquivo pessoal.

André Neves nasceu em Pernambuco, em 1973. Sua paixão pelos livros e pelas artes o levaram a trabalhar como escritor e ilustrador. Christina Dias nasceu no Rio Grande do Sul, em 1966. Foi seu amor às palavras que a transformou em escritora. Eles vivem em Porto Alegre, e é contando histórias que os dois correm o mundo, pesquisando, estudando e desenvolvendo projetos de incentivo à leitura.

Iberê Camargo (1914-1994) é um dos grandes nomes da arte brasileira no século XX. Nasceu em Restinga Seca, no Rio Grande do Sul. Sua obra é reconhecida mundialmente por meio de exposições, como as Bienais de São Paulo, Veneza, Tóquio e Madri e mostras no Brasil, França, Inglaterra, Estados Unidos, Escócia, Espanha e Itália.

Seus primeiros contatos com a arte foram na infância, mas sua carreira ganhou expressividade no Rio de Janeiro, onde o pintor aprofundou seus conhecimentos e viveu durante muitos anos.

Iberê deixou um acervo com mais de 7 mil obras. Grande parte delas integra a Fundação Iberê Camargo, instalada na cidade de Porto Alegre desde 1995.

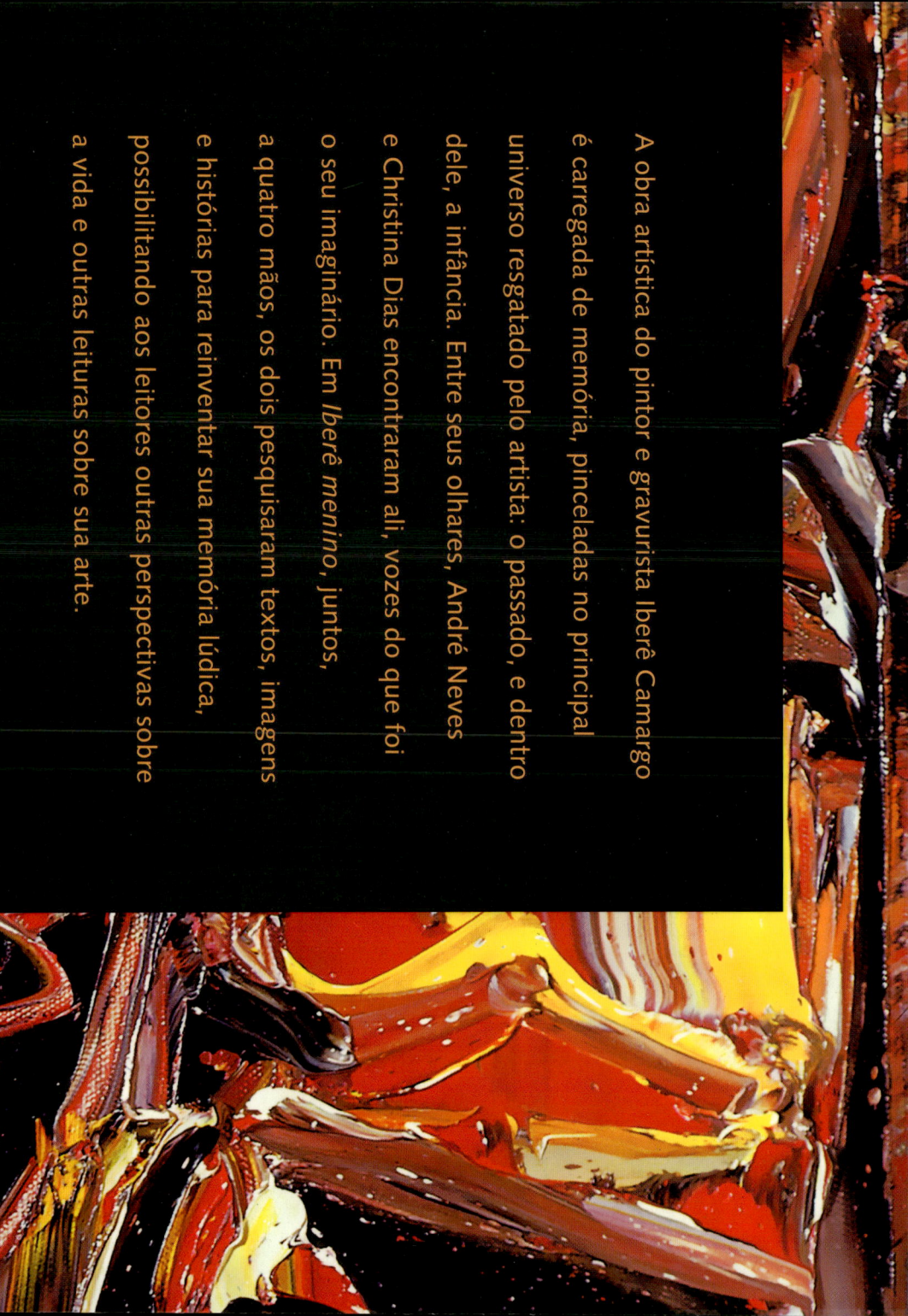

A obra artística do pintor e gravurista Iberê Camargo
é carregada de memória, pinceladas no principal
universo resgatado pelo artista: o passado, e dentro
dele, a infância. Entre seus olhares, André Neves
e Christina Dias encontraram ali, vozes do que foi
o seu imaginário. Em *Iberê menino*, juntos,
a quatro mãos, os dois pesquisaram textos, imagens
e histórias para reinventar sua memória lúdica,
possibilitando aos leitores outras perspectivas sobre
a vida e outras leituras sobre sua arte.

DCL

DIFUSÃO
CULTURAL
DO LIVRO

Ótima escolha. Ótima leitura
www.editoradcl.com.br

ISBN: 978-85-368-02269-5

9 788536 802695